Inhalt

Baumerlebnisse

Schätze des Waldes

Waldbewohner

Im Märchenwald

Vorwort

Im Wald können Kinder nach Herzenslust laufen, klettern, spielen, balancieren, toben und aus Waldmaterial Schönes basteln. Mit Neugier und Offenheit sammeln Kinder im Wald eine Fülle sinnlicher Erfahrungen: Sie ertasten mit den Händen die raue Baumrinde, sie lauschen den Vogelstimmen im Wald und hören das Rascheln des Windes im Geäst. Bei ihrer Schatzsuche entdecken sie mitten im grünen Wald eine leuchtend rote Hagebutte. Beim Laufen spüren sie den weichen Waldboden unter ihren Füßen und schnuppern den modrig-feuchten Geruch der Walderde ...

Alle Waldspiele und Waldbasteleien in diesem Werkstattbuch erzählen kleine Geschichten. Sie laden die Kinder zu einer spannenden Abenteuerreise durch den Wald ein, die eine Menge Spaß, lustige Spielerlebnisse und Bastelideen rund um den Wald sowie eine sinnliche Begegnung mit der Natur verspricht. Die eigenen Fantasien der Kinder sind bei allen Aktivitäten dieses Werkstattbuches gefragt. Sie dürfen sich frei entfalten und so schafft die gestaltende Fantasie eine gute Voraussetzung zum eigenständigen Lernen, auch über eine fantasievolle Kindergartenzeit hinaus.

Gehen wir mit Kindern in den Wald, wandeln wir mit ihnen auf verwunsche-
nen Waldwegen und lauschigen Plätzen unterm Blätterdach. Lassen wir uns
verzaubern von mächtigen Baumriesen, einmaligen Fundstücken und
geheimnisvollen Spuren der Waldbewohner. Tief im Wald begegnen uns auch
märchenhafte Gestalten: Hexen, Räuber, Zwerge und Drachen werden unsere
Spielgefährten. Gemeinsam durchstreifen wir die geheimnisvolle Welt der
Märchen und ziehen mit ihnen durch den Wald, um das Fürchten zu lernen.

Wir wünschen Ihnen und vielen Kindern kreative, lebendige und unvergess-
liche Erlebnisse im Wald.

Baumspielereien

Baumriese

Der Baumriese ist schon einige hundert Jahre alt. Viele Tiere haben ihn in seinem langen Leben besucht und Unterschlupf bei ihm gefunden. Der Baumriese erzählt uns ohne Worte, welche Tiere seine Freunde sind.

Ein Kind ist der Baumriese und zieht aus einem verdeckten Kartenstapel eine Tierkarte, auf der ein Waldtier abgebildet ist: Hase, Fuchs, Eule, Igel, Käfer, Schmetterling usw. Das Kind hat die Aufgabe, das abgebildete Tier pantomimisch zu spielen, seine Bewegungen nachzuahmen, ohne zu sprechen. Es kann lange Ohren mit den Händen über dem Kopf darstellen und hüpfen wie ein Hase oder mit der Nase über den Waldboden schnüffeln wie ein Igel und pieksige Igelstacheln zeigen oder es flattert mit ausgebreiteten Armen wie eine Eule und zeigt ihre großen Augen usw. Wenn ein Kind das gesuchte Tier erraten hat, darf es das nächste Tierkärtchen ziehen.

Wilde Baumkinder

Förster Grindelwald liebt Bäume, aber leider hat er keinen eigenen Wald. Darum geht er heute auf Bäumefang.

Zu Beginn des Spiels legen wir aus Stöcken ein großes Spielfeld. In diesem Spielfeld laufen viele Baumkinder umher. Ein Kind ist der Förster und versucht, die wilden Baumkinder zu fangen. Jedes Kind, das vom Förster Grindelwald berührt wurde, erstarrt, und seine Baumwurzeln wachsen augenblicklich in der Erde fest. Die Kinder spielen, dass sie Bäume sind, die immer größer werden. Sie strecken ihre Arme in den Himmel und wiegen sie sanft im Wind. Wenn alle Baumkinder angewurzelt sind, ist Förster Grindelwald glücklich und er spaziert stolz durch seinen eigenen Wald. Voller Freude schenkt der Förster jedem Baumkind ein eigenes Blatt. Welcher Baum bist du geworden?

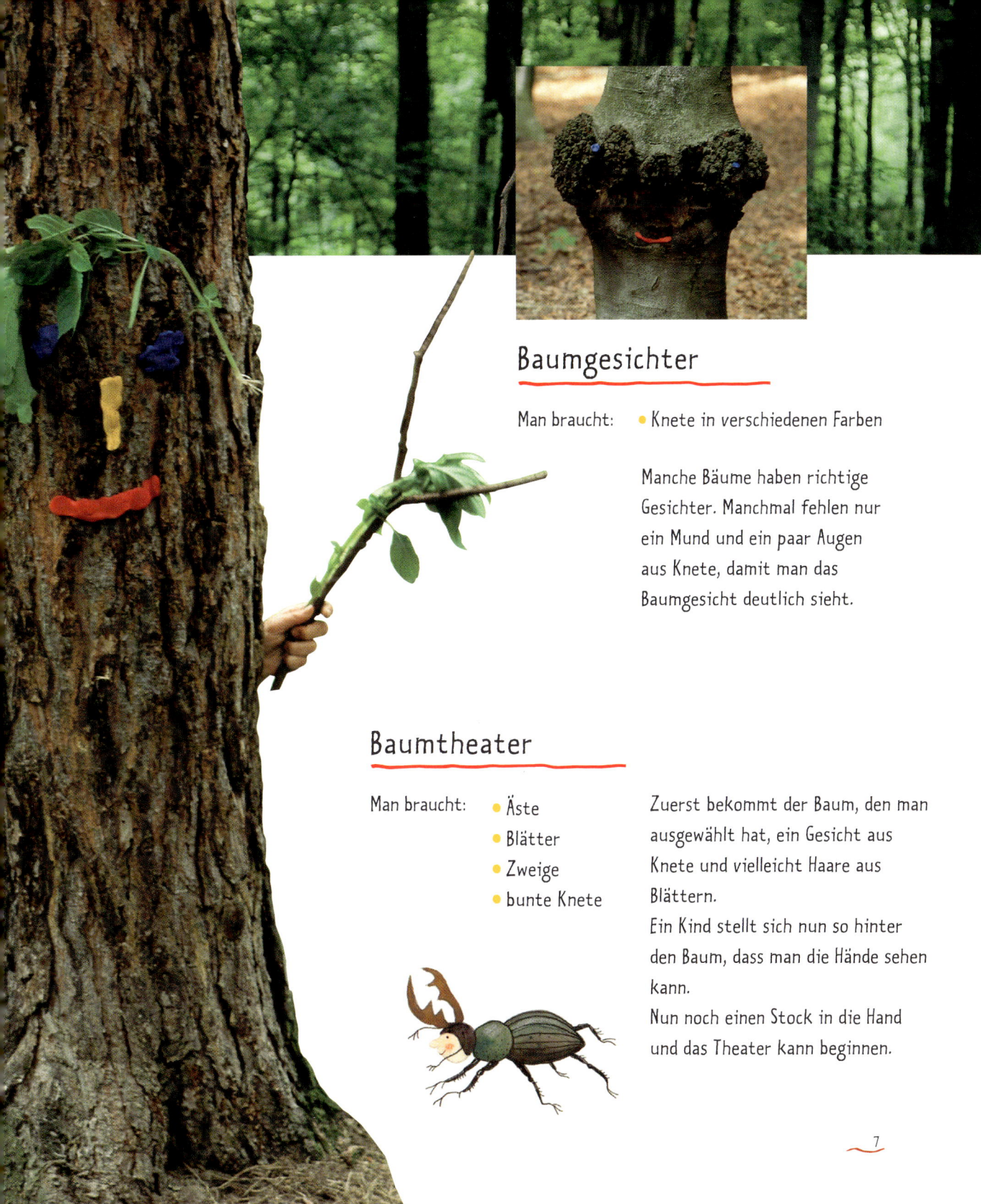

Baumgesichter

Man braucht: • Knete in verschiedenen Farben

Manche Bäume haben richtige
Gesichter. Manchmal fehlen nur
ein Mund und ein paar Augen
aus Knete, damit man das
Baumgesicht deutlich sieht.

Baumtheater

Man braucht: • Äste
• Blätter
• Zweige
• bunte Knete

Zuerst bekommt der Baum, den man
ausgewählt hat, ein Gesicht aus
Knete und vielleicht Haare aus
Blättern.
Ein Kind stellt sich nun so hinter
den Baum, dass man die Hände sehen
kann.
Nun noch einen Stock in die Hand
und das Theater kann beginnen.

Die Haut der Bäume

Rindentasten

Vor langer, langer Zeit ist es dem Zauberer Petrosilius gelungen, allen Bäumen einen wunderschönen Schutz gegen Kälte und Regen zu zaubern. Seit dieser Zeit tragen die Bäume ihre Rinde wie eine kostbare Haut.

Die Kinder suchen Bäume aus, die sie an ihren Blätter erkennen können. Ganz bewusst nehmen ihre Hände und Finger nun durch Tasten, Streichen und Fühlen die Struktur der verschiedenen Rinden wahr. Es gibt glatte und sehr raue Rinde, manche Baumstämme sind mit Moos und Flechten überzogen, andere haben Knubbel, Furchen und große Astlöcher. An manchen Bäumen löst sich die Rinde leicht. Die Kinder können ein Stück Rinde in die Hand nehmen und es von allen Seiten betrachten und betasten. Welche Rindenhaut ist dem Zauberer Petrosilius ganz besonders gelungen und lässt sich gut erkennen?

Kullerbahn

Die Kinder sammeln vom Waldboden Rindenstücke auf, die ein wenig gebogen sind. Dann stellen sie sich in einer Reihe oder im Kreis auf und versuchen, eine große Glasmurmel oder einen kleinen Ball über das Rindenstück von Kind zu Kind zu kullern. Dabei soll die Murmel bzw. der Ball nicht auf den Boden fallen. Nach einigen Spielrunden probieren die Kinder aus, ob das Weitergeben auch ganz schnell zu schaffen ist. Gemeinsam kann aus den gesammelten Rindenstücken auch eine große Kullerbahn entstehen. Dazu legen die Kinder die Rindenstücke in leicht abschüssigem Gelände hintereinander um Bäume herum oder über kleine Hindernisse und lassen ihre Kugeln oder Bälle über diese Bahn kullern.

Rindenschiffchen

Man braucht:
- Rindenstücke
- Aststücke
- Schnur
- Filz
- Knete

Hat man ein passendes Rindenstück gefunden, kann man Waldindianer aus Rinde oder aus Korken in das Schiff setzen. Die Figuren werden mit Filz beklebt und mit Knete auf dem Schiff befestigt.

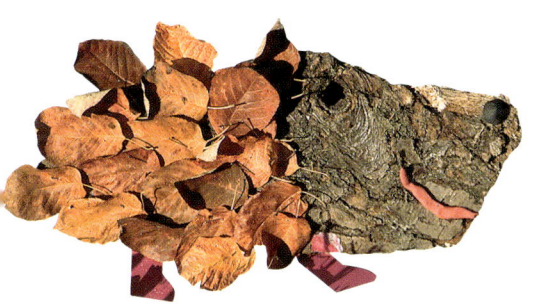

Rindenfiguren

Man braucht:
- Rindenstücke
- Blätter
- Knete
- Tonpapier
- Filz

Wölfe, Igel, Krokodile und viele andere Gestalten lassen sich aus Rindenstückchen basteln. Ohren aus Blättern oder Papier, ein Maul aus Knete, und fertig ist das Rindentier.

Blätterfeen rascheln wieder

Wer findet die Blätterfeen?

Wenn der Sommer zu Ende geht und der Herbst sich ankündigt, ziehen die Blätterfee Smeralda und ihre Freundinnen kunterbunte Kleider an, um im Wald ein farbenfrohes Fest zu feiern.

Alle Kinder suchen schöne Blätter und verwandeln sie mit bunter Kreide, verschiedenfarbigen Blütenblättern oder einem schwarzen Filzstift in Blätterfeen, indem sie ihnen ein Gesicht aufmalen. Anschließend verstecken einige Kinder die Blätterfeen im bunten Herbstlaub. Eine andere Gruppe Kinder macht sich anschließend auf die Suche nach den Blätterfeen. Wo haben sich die Blätterfeen überall versteckt?

Feengeraschel

Die Blätterfeen lieben es, im Laub herumzuwühlen, die Blätter hoch in die Luft zu werfen und dabei laut zu rascheln.

Auf ein Bettlaken oder ein Schwungtuch legen wir einen großen Berg Blätter und lassen ihn beim sanften Auf- und Abschwingen knistern und rascheln. Unter das Tuch hockt sich ein Kind auf den Boden und spitzt die Ohren. Denn während die Blätterfeen rascheln, machen einige Kinder auf ein Zeichen hin andere Geräusche. Sie klingeln beispielsweise mit einem Glöckchen, schlagen Steine aneinander oder zerbrechen kleine Äste. Hört das Kind unter dem Tuch im Geraschel einen anderen Klang, steht es auf und sagt, was es gehört hat. Hat es richtig geraten, ist das nächste Kind an der Reihe, unter das Tuch zu krabbeln und zu lauschen.

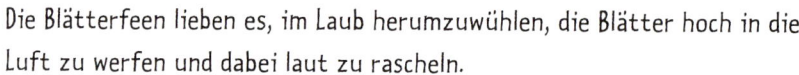

Blätterkönigin

Man braucht:
- bunte Herbstblätter
- Hutgummi
- Tacker
- goldfarbenen Karton
- Schere
- rotes Krepppapier

Einen Streifen aus dem goldfarbenen Karton zuschneiden und mit großen Blättern betackern. Durch die Enden des Streifens Hutgummi ziehen. Für den Umhang große Blätter auf den Krepppapierstreifen tackern.

Blätterling

Man braucht:
- Kastanien
- Hagebutten
- Blätter
- Schnur
- Nagel
- Wattekugel
- Stecknadel

Mit dem Nagel Löcher durch die Kastanien und die Wattekugel bohren und die Schnur durchziehen. Seitlich zwei Löcher in eine Kastanie bohren und die Blätter hineinstecken.

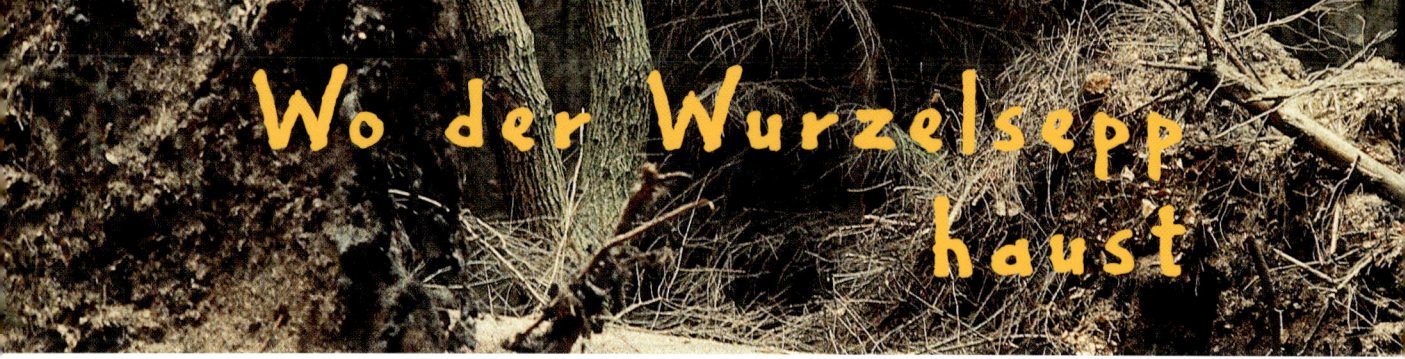

Wo der Wurzelsepp haust

Wurzelverstecke aufspüren

In Spalten, Löchern und Höhlen an den Wurzeln der Bäume fühlen sich wundersame Wesen wie Zwerge, Wurzelmännchen und Trolle zu Haus.

In einem Korb stehen verschiedene Baumfrüchte, z. B. Kastanien, Bucheckern und Zapfen bereit. Mit roter Märchenwolle verwandeln die Kinder die Früchte in kleine Zwerge. Anschließend laufen zwei bis drei Kinder los und verstecken sie in den Öffnungen der Baumwurzeln. Nach einiger Zeit versuchen die anderen Kinder, möglichst viele der Zwerge wieder zu finden.

Fingertheater

Unsere Fingerspitzen der linken Hand verwandeln wir in Wurzelzwerge: Wir malen ihnen mit Filzstift ein Gesicht auf und zupfen ihnen aus roter Märchenwolle kleine Zwergenmützen zurecht. Diese befestigen wir mit etwas Vaseline auf den Fingerspitzen. Das Fingertheater kann beginnen.

Am Fuße der Buche wohnen fünf Zwerge.
(Die Finger der linken Hand strecken.)
Sie wühlen sich gerne durch Blätterberge.
(Mit den Zwergenfingern über die rechte Handfläche fahren.)
Sie hüpfen und klettern auf Wurzelspitzen
(Die Fingerkuppen der rechten Hand antippen.)
und wackeln mit knallroten Zipfelmützen.
(Mit den Zwergenfingern wackeln.)
Sie haben im Wurzelhaus ein Bett,
(Rechte Hand wie ein Dach über die Zwergenfinger halten.)
dort machen sie es sich gemütlich und nett.
(Zwergenfinger kuscheln sich in die rechte Hand.)

Wurzelsepp-Marionette

Man braucht:
- Rindenstücke
- Äste
- Zweige
- Schnur
- Knete

Verschieden große Rindenstücke werden mit Schnur so aneinander gebunden, dass sich die Teile noch bewegen lassen. An Arme, Beine und Kopf werden lange Schnüre gebunden, die dann in der Hand gehalten werden.

Wurzelwesen

Man braucht:
- Wurzelstücke
- Zapfen
- Zweige
- Blätter
- Federn und sonstiges Naturmaterial
- Knete
- Filzstift

In manchen Wurzeln kann man Figuren wie Zwerge, Vögel oder andere Wesen erkennen. Mit Farbe, Knete und verschiedenen Naturmaterialien werden die Wurzeln in schöne Gestalten verwandelt.

Tannenreisig sammeln

In harten Wintern sammelten die armen Leute früher Tannenreisig vom Waldboden auf, um sich wenigstens einen Hauch von Wärme in ihre kalten Hütten zu holen. Die voll beladenen Körbe mussten sie dann oft über weite Strecken mühevoll aus dem Wald nach Hause tragen.

Die Kinder bilden Paare. Sie sammeln mehrere Tannenzweige und schichten sie nebeneinander zu kleinen Bergen auf. Dann wird eine Ziellinie bestimmt. Auf zwei Stöcken, die einen Korb darstellen sollen, versuchen die Reisigsucher nun, Gruppe für Gruppe ihre Zweige ins Ziel zu tragen, ohne dass sie herunterfallen. Welches Paar hat zuerst alles Reisig nach Hause geschafft?

Harzkleber

Nadelbäume sondern aus ihrer Rinde eine zähe Flüssigkeit ab, die aromatisch duftet und sehr klebrig ist. Immer, wenn wir Nadelzweige anfassen oder an die Rinde fassen, bleibt etwas Harz an unseren Händen kleben. Mit einem Ästchen nehmen die Kinder etwas Harz von einer Kiefer, einer Tanne oder einer Fichte ab und streichen es auf ein Stück Pappe. Anschließend streuen wir etwas Erde, feinen Sand oder Nadeln vom Waldboden auf das Harz oder kleben Blätter, kleine Stöcke und Steinchen auf dem Harz fest. Die Kinder beobachten, dass das Harz gute Klebeeigenschaften besitzt, und gestalten Bilder mit dem Naturmaterial.

Stachelige Tiere

Man braucht:
- Knete
- Tannennadeln

Aus Knete Stacheltiere formen, z. B. einen
Igel, ein Stachelschwein oder einen Fisch.
Die Tannennadeln als Stacheln in die Knete
stecken.

Nadelige Kakteen

Man braucht:
- Knete
- kleine Tontöpfe

Tannenzweige sammeln und die Nadeln
abstreifen. Die Tontöpfe mit Sand oder
Kies füllen. Aus Knete Kakteen formen
und mit Nadeln spicken.
Oder eine Styroporkugel grün bemalen,
mit Klebstoff bestreichen und in den
Nadeln wälzen.

Im Zapfenwald

Zapfenspringen

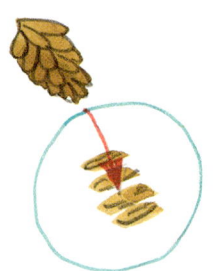

Einmal im Jahr versammeln sich die Zapfenritter zu einem Wettstreit im Wald. Dieses Mal hat der Ritter Ohnefurcht die tapfersten Ritter in seinen dunklen Tannenwald eingeladen.

Auf dem Waldboden ziehen wir einen Kreis mit ca. 40 cm Durchmesser. Jedes Kind sammelt vier bis fünf Zapfen, die dicht nebeneinander in die Kreismitte gelegt werden. Reihum darf nun jeder einen dicken Zapfen senkrecht in den Zapfenhaufen fallen lassen. Alle Zapfen, die über den Kreisrand herausspringen, dürfen von dem Kind aufgesammelt werden und zählen einen Punkt. Wer kann die meisten Zapfen aus dem Kreis springen lassen?

Im Labyrinth

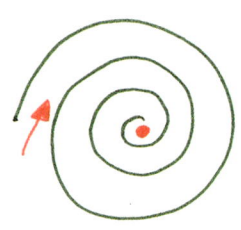

In Körben oder Stoffbeuteln sammeln wir viele verschiedene Zapfen. Mit ihnen legen wir auf dem Waldboden ein Labyrinth mit Wegen, Mauern und Sackgassen oder eine große Spirale. Die Zapfenritter versuchen nun, den richtigen Weg zum Ausgang des Labyrinthes zu finden oder üben sich im Wetthüpfen durch die Zapfenspirale. Dabei können sie auf einem Bein, mit beiden Beinen, seitwärts oder rückwärts hüpfen.

Zapfenkorbball

An einem Baum befestigen wir ein Kartoffel- oder Apfelsinennetz, das wir auf einen Drahtring ziehen. Jedes Kind erhält nun fünf Zapfen und versucht, sie aus einer festgelegten Entfernung in das Netz zu werfen. Wer schafft es, mit allen fünf Zapfen ins Netz zu treffen?

Zapfenmännchen

Man braucht:
- Kiefernzapfen
- Schnur
- Zweige
- Klebstoff

Auf einen Kiefernzapfen wird die Beere als Kopf geklebt.
Stöckchen werden seitlich in den Zapfen gesteckt.
Hände und Füße aus Blättern an die Stöckchen stecken.

Zapfenritter

Man braucht:
- Tannenzapfen
- Nägel
- Knete
- silberne Farbe
- Wattekugeln
- Alufolie
- Klebstoff
- Buntpapier

Zuerst die Tannenzapfen mit silberner Farbe
bemalen. Auf die Wattekugeln Gesichter malen und
Helme aus Alufolie kleben. Vier Nägel als Arme
und Beine in die Zapfen stecken. Damit die Ritter
stehen, die Beine in Knete stecken. Nun die Köpfe
auf die Körper kleben. Zum Schluss Schilde aus
Buntpapier ausschneiden.

Federleicht

Federzauber

Ein in allen Farben schillernder Zaubervogel mit dem Namen Farisando hat bei seinem Flug durch den Wald federleichte, wunderbar weiche Flaumfedern aus seinem Gefieder verloren. Wie kleine Schätze liegen sie im Moos und warten darauf, aufgehoben und bewundert zu werden.

Ein leiser Federzauber schwebt durch den Wald. Die Kinder legen mehrere kleine, weiche Daunenfedern des Zaubervogels in ihre Hände, die sie zu einer Schale formen. Anschließend bilden sie einen Kreis, legen eine kleine, leichte Feder in ihre Handfläche und pusten sie in die geöffneten Hände des Nachbarkindes, bis die Feder einmal durch den ganzen Kreis geschwebt ist.

Feder-Ball

Aus einem leichten Stoff schneiden wir ein quadratisches Stück zurecht. Dieses Stoffstück füllen wir mit Federn und knoten die Enden fest zusammen, sodass die Federn nicht herausfallen können. Mit dem entstandenen Federball spielen wir federleichte Ballspiele. Alle Kinder bekommen einen Vogelnamen, z. B. Blaumeise, Zaunkönig, Eichelhäher, Fink, Rotkehlchen. In der Kreismitte steht ein Kind, wirft den Federball hoch in die Luft und ruft einen der Vogelnamen auf. Das gerufene Vogelkind springt schnell in die Mitte und versucht, den Federball aufzufangen. Gelingt ihm das, ist es der nächste Werfer.

Federkopfschmuck

Man braucht:
- Wellpappe
- Klebstoff
- Schere
- Vogelfedern
- Waldbeeren
- Hutgummi

Die Wellpappe wird so zugeschnitten, dass sie fast um den Kopf passt. Nun beklebt man die Wellpappe mit kleinen Waldbeeren oder Holzperlen. Ist der Klebstoff getrocknet, steckt man die Federn in die Pappe.

Zum Schluss wird ein Hutgummi an den Enden der Pappe befestigt und verknotet.

Federvögel

Man braucht:
- Ast- und Wurzelstücke
- Farben zum Bemalen
- Federn

Manche Äste sehen schon fast wie Vogelköpfe aus. Man braucht sie nur noch zu bemalen und eine Feder hineinzustecken und fertig ist der Federvogel.

Weiche Mooskissen

Streichellied

(auf die Melodie von „Häschen in der Grube")
Kleiner Zwerg im Walde
kuschel dich ins Moos, kuschel dich ins Moos.
⅗:Träume aus dem Feenland
streicheln dich mit sanfter Hand.:⅗
Sanft, sanft, sanft, sanft, schlaf ein.

Die Kinder bilden Paare und suchen sich ein weiches Kuschelkissen aus Moos. Ein Kind macht es sich auf seinem Mooskissen bequem und lässt sich von seinem Partner mit angenehm weichen Fundstücken aus der Natur streicheln, z. B. mit einer Feder, einem Stückchen Moos, einem weichen Gras. Die Kinder singen dazu das Streichellied. Anschließend werden die Rollen getauscht.

Moosdomino

Die Kinder sammeln Rindenstücke und lassen sie gut trocknen. Mit Kraftkleber befestigen sie auf jedem Rindenstück zwei kleine Moospolster. Es gibt sie in vielen verschiedenen Grüntönen, manche sind ganz flach, manche haben feine Härchen oder eine sehr grobe Oberfläche. Mit diesen „Rindenkärtchen" können die Kinder nun Domino spielen. Wer findet am schnellsten Kärtchen, die zueinander passen?

Moossandalen

Man braucht: • Pappkarton   • Moosstücke   • Kraftkleber

Im Wald sammeln die Kinder gemeinsam größere Moosstücke. Dann malen sie auf stabilen Pappkarton die Umrisse ihrer Füße und schneiden sie aus. Mit Kraftkleber befestigen sie das Moos auf den Pappsohlen und lassen es gut antrocknen. Ein mit Moos beklebter Pappstreifen wird als Schleife an den Sohlen befestigt. Die Kinder können die Moossohlen auch mit bunten Stoffstreifen oder einem kleinen Halstuch an ihren Füßen festbinden. Sie probieren aus, wie es sich anfühlt, mit den Moossandalen zu laufen, zu hüpfen, zu schleichen und zu trippeln. Dabei genießen sie das weiche, leicht kribbelnde Gefühl an ihren Fußsohlen.

Mooshäuschen

Man braucht: • Äste und Zweige
              • Moospolster

Aus Ästen baut man ein Gerüst für ein Häuschen, das dann mit Moospolstern bedeckt wird.

Familie Hagebutte

Im Hagebuttenwald

In leuchtend roten Mänteln begrüßt Familie Hagebutte den stürmischen
Herbst. Damit die kleinen Hagebuttenkinder nicht frieren und kuschelig
warm den Winter verbringen, lassen sich Mutter und Vater Hagebutte eini-
ges einfallen ...

Im Herbst im Hagebuttenwald,
wird es den Hagebuttenkindern kalt.
Im Hagebuttenschlafsäcklein
kuscheln sich die Kinder ein.

Wenn ein Hagebuttenkind erwacht,
deckt es der Hagebuttenvater sacht
mit einem warmen Blättchen zu,
dann schläft es fest in tiefer Ruh.

Hagebuttengeheimnis

Alle Kinder bekommen für dieses Merkspiel 10 leuchtend rote Hagebutten.
Sie sitzen im Kreis um einen Baumstumpf oder um ein schönes, ausge-
breitetes Tuch. Ein Kind beginnt und darf mit seinen 10 Hagebutten auf
dem Baumstumpf oder Tuch ein Muster legen, beispielsweise eine
Schlange, eine Schnecke, einen Buchstaben usw. Nun kann unser Merkspiel
beginnen. Die anderen Kinder schauen sich das Muster an und versuchen
es sich einzuprägen. Dann wird es mit einem Tuch oder mit einem großen
Blatt zugedeckt. Alle Kinder versuchen anschließend, mit ihren eigenen
10 Hagebutten das Muster aus der Erinnerung nachzulegen.

Hagebuttenkinder im Blätterschlafsack

Man braucht:
- Hagebutten
- Blätter
- Zahnstocher

Mit dem Zahnstocher wird in die Hagebutten ein Gesicht geritzt.
Ein großes Blatt wird zu einem Schlafsack gefaltet und mit Zahnstochern fixiert.
In den Schlafsack steckt man das Hagebuttenkind.

Herr und Frau Hagebutte

Man braucht:
- Hagebutten
- Tannenzapfen
- Kastanien
- Zahnstocher
- Blätter

Zuerst werden die Zahnstocher in die Hagebutten gesteckt, dann seitlich in die Tannenzapfen.
Schöne Blätter als Kragen oder Kleid auf die Zapfen stecken.
Als Hände kleine rote Beeren auf die Zahnstocher stecken.
Zum Schluss die Köpfe mit je einem halben Zahnstocher auf den Zapfen befestigen.

Gut behütet: Pilze

Kleiner, roter Fliegenpilz

Folgt Sonne auf Regen, sprießen im Wald die Pilze. Über Nacht wachsen sie wie von Zauberhand oft in kreisförmiger Anordnung, die im Volksmund Hexen- oder Elfenring genannt wird. Manche Pilze sind besonders giftig, etwa der Fliegenpilz mit seinem knallroten Hut und den weißen Tupfen.

Im Sitzen oder Stehen bilden wir einen Kreis. Ein Kind setzt einen selbst gebastelten Fliegenpilzhut aus Pappe auf. Der Hut wird nun von Kopf zu Kopf weitergereicht, während alle Kinder folgenden Vers sprechen:

Es geht ein roter Hut herum,
er wandert durch den Kreis,
seine Punkte sind weiß,
wo bleibt er stehn?

Wer am Ende des kleinen Verses den Fliegenpilzhut auf seinem Kopf hat, gibt ein Pfand ab. Dann wandert der Hut weiter.

Es regnet!

In einem vorher festgelegten Spielfeld werden verschiedene Hüte oder Mützen verteilt, eine weniger als Kinder mitspielen. Alle Kinder bekommen in kleinen Gruppen einen Tiernamen zugeordnet, z. B. Käfer, Mäuse, Hasen, Eichhörnchen, Vögel. Dann laufen sie kreuz und quer übers Spielfeld. Werden die entsprechenden Tiernamen aufgerufen, laufen die jeweiligen Kinder schnell zu einem der Hüte und setzen ihn auf. Ertönt der Ruf: „Es regnet!", müssen alle Kinder versuchen, einen Hut zu ergattern. Wer keinen erwischt, wird pitschenass und setzt sich außerhalb des Spielfeldes ins Trockene.

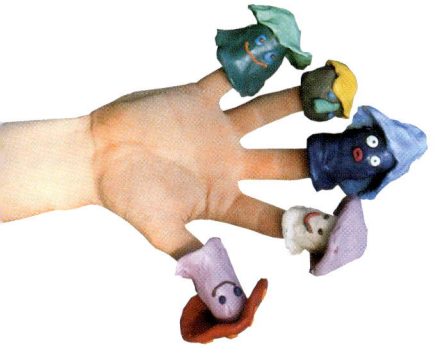

Bunte Pilze

Man braucht: • Knete

Aus Knete werden fantasievolle Pilze geformt,
die in der Mitte eine Öffnung haben, sodass sie
über die Finger passen. Mit den Pilzen kann ein
Fingerpuppenspiel aufgeführt werden.

Pilzspiel

Man braucht: • Pappe
              • Plakafarben
              • Klebstoff
              • viele Murmeln
                oder Eicheln

Aus Pappe werden mindestens
drei Pilze ausgeschnitten.
Jeder Pilz bekommt einen großen
Mund. Die Pilze werden bemalt.
Auf der Rückseite einen Karton-
streifen festkleben, damit die
Pilze gut stehen können. Jeder
Pilz bekommt noch eine Zahl. Nun
wird versucht, mit Murmeln
in die Pilze zu treffen. Wer
bekommt die meisten Punkte?

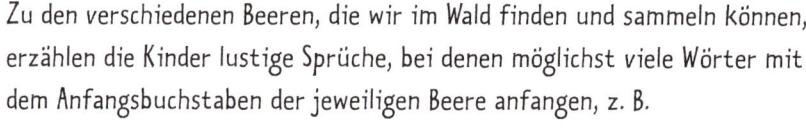

Beerenlese

Beerige Sprüche

Zu den verschiedenen Beeren, die wir im Wald finden und sammeln können, erzählen die Kinder lustige Sprüche, bei denen möglichst viele Wörter mit dem Anfangsbuchstaben der jeweiligen Beere anfangen, z. B.

- Hundert hoppelnde Hasen holen sich aus der Himbeerhecke honigsüße, herrlich rote Himbeeren.

- Brummige Braunbären backen in ihren Bärenhöhlen butterzarte Blaubeertörtchen.

- Badende Biber beeilen sich blitzschnell, um bei brummigen Braunbären um Brombeeren zu betteln.

- Winzigkleine, wuschelige Wurzelwesen finden es wunderbar, wenn im Wald wilde Walderdbeeren wachsen.

Wir versuchen, die Beerensprüche gemeinsam nachzusprechen. Wer mag, kann sie auch als kleine Pantomime nachspielen.

Blaubeersuche

Eine böse Waldhexe liebt Blaubeeren über alles, aber sie ist zu faul, sich selbst welche zu pflücken. Deshalb hat sie immer zwei Bärenkinder an ihren Tatzen zusammengehext. Erst wenn die gemeinsam einen Korb voll Blaubeeren gepflückt haben, ist der Zauber gebannt.

Im Spielfeld versteckt die Waldhexe Blaubeeren (Steine aus Knetmasse). Dann bilden die Kinder Paare und werden mit einem Tuch am Handgelenk zusammengebunden. Gemeinsam laufen sie nun mit ihren selbst gebastelten Bärenmasken los und müssen sechs blaue Beeren sammeln und sie zur hungrigen Waldhexe bringen.

Drucken mit Waldbeerfarbe

Die Kinder sammeln verschiedene Waldbeeren und legen einige davon auf ein Blatt Papier oder ein Stück Baumwollstoff. Mit einem großen Blatt von Ahorn oder Kastanie decken sie die Beeren zu und drücken und reiben mit ihrer Handfläche über das Blatt. Den Saft der Beeren quetschen sie so auf das Papier oder den Stoff und es entstehen interessante Muster in beerenstarken Farben.

Bärenmasken

Man braucht:
- Pappe
- Bambusstöcke
- Plakafarben

Aus Pappe die Masken ausschneiden und bemalen. Die Stöcke mit Klebestreifen von hinten an den Masken befestigen.

Gäste im Wald

Einkaufen

Markthändler sind in den Wald gekommen und bieten viele Köstlichkeiten an. Auf dem Waldboden werden ein paar Tücher ausgebreitet. Auf diesen Verkaufsständen liegen Steine, Moos, Zapfen, Äste, Beeren, Rinde, Wurzeln usw. Jeder Stand hat eine Kasse, in der Waldgeld (z. B. Steine) liegt. Alle Kinder, die einkaufen möchten, erhalten ein Körbchen und zehn Waldmünzen zum Bezahlen. Während ein paar Kinder als Markthändler ihre Ware durch lautes Rufen anpreisen, kaufen die anderen bei den Ständen Vorräte ein. Ist ihr Waldgeld ausgegeben, tragen die Kinder ihre Einkäufe „nach Hause" oder in die Küche des „Waldrestaurants".

Waldrestaurant Waldesruh

An einem idyllischen Plätzchen im Wald eröffnen wir unser Waldrestaurant Waldesruh. Auf umgekippten Baumstämmen oder Baumstümpfen laden wir unsere Gäste zum Verschnaufen und zum Schmausen ein. Verschiedene Waldfundstücke, die wir zuvor gesammelt haben, lassen sich als Teller, Tassen, Besteck, Tischset oder Kerzenhalter verwenden. Die Kinder dekorieren die Tische stimmungsvoll und denken sich witzige Speisen aus, etwa: Astspaghetti mit Waldnadelsoße, kunterbunte Blätterspieße, gemischte Steinsuppe, Moosklößchen auf Grasspaghetti, Blätterspinat mit Erdmatschsoße, Zapfeneintopf mit Hagebutten … Der Fantasie der kleinen Köche sind keine Grenzen gesetzt. Nach getaner Arbeit lassen sich die kleinen und großen Gäste im Waldrestaurant in aller Ruhe verwöhnen.

Tischgedecke

Man braucht:
- Rinde
- Blüten
- Beeren
- große Blätter
- Zweige
- Moos

Rindenstücke werden mit Beeren oder Moos gefüllt, Zweige werden als Messer und Gabeln danebengelegt. Oder es werden Blätter mit Blüten garniert.

Beerenspieße

Man braucht:
- dünne Stöckchen oder Waldgras
- Brombeeren oder Himbeeren

Wenn man genügend Beeren gesammelt hat, werden diese dann auf Stöckchen oder Grashalme aufgefädelt und anschließend verspeist.

Das emsige Eichhörnchen

Im Sammelfieber

Eichhörnchen halten keinen Winterschlaf. Ihr Hunger treibt sie auch mitten im Winter nach draußen auf Futtersuche.

Alle Mitspieler sind Eichhörnchen und stecken sich in ihre Taschen fünf verschiedene Herbstfrüchte: einen Zapfen, eine Eichel, eine Nuss, eine Buchecker und eine Kastanie. Für jede Frucht suchen sie sich ein Versteck, das sie sich möglichst genau merken, damit sie es später auch wiederfinden können. Nach dem Verstecken kommen alle Eichhörnchen zusammen, kuscheln sich ein und halten Winterruhe. Plötzlich klingen von ferne Glocken (mit einem Glöckchen läuten). Es ist Weihnachten. Alle Eichhörnchen werden wach, spüren ihren Hunger und erinnern sich an ihre Vorräte. Sie springen los und versuchen so schnell wie möglich, ihre fünf Herbstfrüchte zu finden und einzusammeln.

Immer in Bewegung

Alle Kinder sind Eichhörnchen und springen draußen oder drinnen über ein vorher festgelegtes Spielfeld. Am Spielfeldrand steht ein Korb mit Eicheln oder Kastanien bereit, im Spielfeld verteilt liegen mehrere Kissen und Tücher. Auf Zuruf müssen die Eichhörnchen verschiedene Aufgaben erledigen: bei „Schneeflocke" kuscheln sie sich auf ein Kissen oder unter ein Tuch und schlafen, bei „Fuchs" klettern sie auf eine Bank oder einen Stuhl und bei „Hunger" laufen sie zu dem Korb, holen sich eine Kastanie oder Eichel und verstecken sie unter einem Kissen. Wer als letztes seine Aufgabe erledigt, scheidet aus.

Eichhörnchens Sammelbeutel

Man braucht:
- eine Stofftasche
- Farben zum Bemalen
- Klebstoff
- Filz
- Märchenwolle

Die Tasche wird zunächst mit Farben bemalt. Aus Filz wird der Körper des Eichhörnchens zugeschnitten.
Wenn die Tasche trocken ist, wird sie mit dem Eichhörnchen aus Filz beklebt. Zum Schluss wird der Schwanz aus etwas Märchenwolle angeklebt.

Nusshörnchen

Man braucht:
- Walnüsse
- Haselnüsse
- Streichhölzer
- Filz
- Märchenwolle
- Knete

Aus je einer Wal- und Haselnuss, ein paar Streichhölzern und etwas Märchenwolle lassen sich die kleinen Nusshörnchen basteln. Damit die Haselnuss gut hält, wird sie mit etwas Knete auf der Walnuss befestigt. Wer will, schneidet aus Filz kleine Ohren aus.

Was der Specht uns erzählt

Klopfmusik

Den Specht können wir im Wald oft hören. Mit blitzschnellen Schnabelhieben trommelt er gegen das Holz der Bäume, wenn er sein Revier verteidigt, auf Futtersuche geht oder eine Baumhöhle zum Nisten vorbereitet.

Die Kinder sammeln kleine stabile Stöcke. Damit versuchen sie auf gefällten Baumstämmen oder dicken Ästen durch Klopfen Töne zu erzeugen. Ein morsches Stück Holz erzeugt einen anderen Klang als ein festes. Gemeinsam lassen sie ein Klopfkonzert erklingen, bei dem sie in kleinen Gruppen einfache Rhythmusfolgen spielen. Eine Gruppe beginnt und nach und nach klopft das ganze „Trommelorchester" seinen Rhythmus.

Specht-Sprechgesang

Wenn Spechte gegen Bäume hämmern,
dann macht das mächtig Krach.
Unter glatter Buchenrinde
werden die Käfer wach.

Wenn Spechte gegen Bäume klopfen,
ist oft ihr Magen leer.
Blitzschnell muss dann zum Mittagsmahl
'ne fette Larve her.

Wenn Spechte gegen Bäume trommeln,
erklingt ein Klopfkonzert.
Und niemanden im grünen Wald
hat das bis jetzt gestört.

Klopfspecht

Man braucht:
- stabiles Aststück
- Federn
- Schnur
- Plakafarben

Manche Holzstücke sehen schon wie Vogelköpfe aus. Manchmal muss man nur den „Schnabel" rot anmalen, um es zu sehen. Dann noch ein paar Federn und ein Perlenauge ankleben und fertig ist der Specht.

Specht in der Höhle

Man braucht:
- Aststück mit einem Loch
- oder einen Karton
- Federn
- Wattekugel
- Klebstoff
- Holzstäbchen

Wattekugel auf das Holzstäbchen stecken und mit Federn bekleben. Das ist der Specht. Den Specht wie beim Puppentheater durch das Astloch gucken lassen. Wer kein passendes Aststück gefunden hat, der bastelt aus einem Karton eine Spechthöhle.

Wenn das Käuzchen ruft

Lockrufe aus der Dunkelheit

Im Abendlicht des Waldes ertönt manchmal der schaurige Ruf des Käuzchens, besonders in der Zeit der Partnersuche.

Die Kinder bilden Paare. Mit ihrem Partner überlegen und probieren sie einen Käuzchenruf, den sie gut wieder erkennen können. Dann stellen sich die Kinder in zwei Reihen gegenüber auf, wobei sie sich den Rücken zuwenden. Nacheinander lassen sie ihren Käuzchenlockruf erklingen. Wer meint, den Ruf seines Partners zu erkennen, dreht sich herum und schaut, ob er richtig geraten hat.

Spitzt die Ohren!

Waldkäuzchen haben ein besonders hoch entwickeltes Gehör. Die leisesten Geräusche nehmen sie mit ihren spitzen Ohren wahr, etwa das Rascheln einer Maus. Schnell machen sie den Ort des Raschelns ausfindig und das Mäuschen ist gefangen.

Wir wählen ein Kind aus, es spielt das Käuzchen. Mit verbundenen Augen steht es in der Kreismitte und lauscht. Um das Käuzchen herum sind viele kleine Ästchen oder Kastanien verteilt. Alle anderen Mitspieler versuchen nun nacheinander, sich möglichst lautlos heranzuschleichen und ein Ästchen oder eine Kastanie aufzuheben. Hört das Käuzchen ein Geräusch, zeigt es blitzschnell in die entsprechende Richtung. Hat sich dort ein Kind herangeschlichen, muss es ausscheiden. Wem es gelingt, ein Ästchen oder eine Kastanie lautlos zu stibitzen, darf in der nächsten Runde als Käuzchen seine Ohren spitzen.

Kartonkauz

Man braucht:
- Karton
- Pappe
- Farben
- Klebstoff
- Federn
- Schnur
- Eierkarton

Zwei Felder von dem Eierkarton ausschneiden, auf den Karton kleben, dann
Augen ausschneiden. Aus Pappe Flügel
ausschneiden und seitlich am Karton
festkleben. Den Kauz bemalen und eventuell
noch mit Federn bekleben. Die Augen des Kauzes
leuchten im Dunkeln, wenn man Teelichte
hineinstellt.

Eulenlaterne

Man braucht:
- Karton
- Kleister
- Messer
- Zeitungspapier
- Seidenpapier
- Schnur

Ballon so groß aufpusten, dass er auf den Karton passt.
Kleister anrühren, Zeitungspapier zerreißen, einkleistern
und Ballon und Karton damit bekleben. Darüber dann einige
Schichten gerissenes Seidenpapier kleben und alles trocknen
lassen. Augen und Mund mit dem Messer ausschneiden und
dünnes Papier dahinterkleben. Man kann die Eule an einem
Laternenstab tragen oder einfach aufstellen und von
innen mit Kerzen beleuchten.

Die Maus im Mauseloch

Rätsel

Mit tippelnden Schrittchen
husche ich ein bisschen,
übern Weg, übers Feld,
in meine braune Erdewelt.
Da schlüpf ich in ein Loch hinein,
sag, welches Tier kann ich wohl sein?
(Maus)

Mäuschenfang

Im Mauseloch fühlt sich das Mäuschen Piep richtig wohl. Doch manchmal muss es hinaus, um seine Vorräte wieder aufzufüllen. Nimm dich bloß in Acht, Mäuschen Piep, denn da draußen lauern viele Gefahren …

Wir basteln viele kleine Mäuse aus Kiefernzapfen mit einem dicken, gut festgeknoteten Wollfaden als Schwänzchen. Die Zapfenmäuschen legen wir auf ein großes Blatt. Die Kinder hocken auf dem Waldboden um das Blatt herum und jedes Kind hält sein Zapfenmäuschen am Schwänzchen fest. Zwei Kinder spielen die Mäuschenfänger. Es wird immer zuerst gewürfelt und dann gefangen. Dazu hält das erste Fängerkind einen kleinen Sandeimer in der Hand, mit dem es versuchen soll, die Mäuschen zu fangen. Das zweite Fängerkind hat ein Eimerchen oder eine Konservenbüchse, in dem drei flache Steine zum Würfeln liegen. Auf einen der drei Steine haben wir vorher ein kleines Mäuschen gemalt. Wenn nach dem Schütteln und Auskippen der Steine das aufgemalte Mäuschen oben liegt, versucht das erste Fängerkind, seinen kleinen Eimer so schnell wie möglich auf das

Blatt mit den Zapfenmäuschen zu stülpen und eines zu fangen. Die Kinder versuchen gleichzeitig, ihre Zapfenmäuse so schnell wie möglich am Schwänzchen vom Blatt wegzuziehen. Liegt nach dem Auskippen kein Mäusestein oben, dürfen die Zapfenmäuschen nicht vom Blatt weg bewegt werden, denn das erste Fängerkind darf nun kein Mäuschen fangen. Wer die Spannung nicht aushalten kann und sein Mäuschen trotzdem vom Blatt wegzieht, muss ein Pfand abgeben.

Zapfenmäuschen

Man braucht:
- Zapfen
- Wollfäden
- Buntpapier
- Perlen

Aus dem Buntpapier kleine Mäuseohren ausschneiden und in die Zapfen stecken. Einen Wollfaden als Schwanz befestigen. Perlenaugen und Schnauze ankleben.

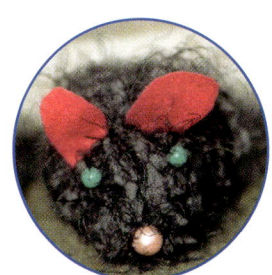

Wollmäuse

Man braucht:
- graue Wolle
- Perlen
- rosafarbenen Filz
- Stopfnadel

Die Wolle wird zu einem lockeren Knäuel gewickelt. Mit der Stopfnadel wird das Ende des Wollfadens an dem Knäuel so festgenäht, dass noch ein Stück des Fadens als Schwanz aus dem Knäuel herausguckt. Perlenaugen und Schnäuzchen annähen. Ohren aus Filz ausschneiden und ebenfalls festnähen.

Fuchssuche

Auch wenn der Rotfuchs in unseren Wäldern recht häufig vorkommt, bekommen wir ihn nur selten zu sehen. Er verlässt erst in der Dämmerung und bei Nacht seinen schützenden Unterschlupf. Doch wenn wir aufmerksam durch das Dickicht des Waldes gehen, können wir vielleicht die Pfotenabdrücke eines Fuchses entdecken. Wie eine gerade Schnur zieht sich seine Fährte durch den Wald, wenn er gemütlich Pfote vor Pfote setzt und dabei immer wieder in seine eigenen Pfotenabdrücke tritt.

Wir schneiden viele Fuchspfotenabdrücke aus Pappe aus. Im Wald oder Garten spielen wir Fuchssuche. Ein Kind ist der Fuchs. Es bekommt einen zeitlichen Vorsprung und legt mit vielen Pfotenkärtchen eine lange Spur und sucht sich in unmittelbarer Nähe zum letzten Pfotenabdruck ein Versteck. Die anderen Kinder verfolgen die Fuchsspur und versuchen, das Versteck des Fuchskindes zu finden. Es können sich auch zwei Füchse gleichzeitig auf den Weg machen und ihre Spuren dabei kreuzen. Nachdem der Fuchs gefunden wurde, werden die Pfotenkärtchen wieder eingesammelt und die Fuchssuche kann von neuem beginnen.

Fuchsjagd

Ein oder mehrere Kinder spielen Fuchs und bekommen einen Fuchsschwanz – ein zusammengerolltes Stück roter Stoff – locker an ihre Kleidung geheftet. Die Füchse erhalten einen Vorsprung zum Weglaufen. Die jagenden Kinder zählen bis 10 und rufen so laut sie können „Fuchsjagd". Dann laufen sie los und versuchen, einen Fuchsschwanz zu erwischen. Die Kinder, die einen Fuchsschwanz in den Händen halten, sind beim nächsten Spieldurchgang die Füchse.

Wanderfuchs

Man braucht:
- 1 leere Klorolle
- Buntpapier
- Klebstoff
- etwas Märchenwolle
- Schnur

Zuerst die Rolle mit Papier bekleben. Aus Papier den Kopf und die Beine ausschneiden. Alle Teile an der Klorolle festkleben. Den Schwanz aus Märchenwolle nicht vergessen. Wer mit dem Fuchs spielen möchte, befestigt in der Rolle eine Schnur. Daran kann man den Fuchs hinter sich herziehen. Mit zwei Füchsen kann man schon ein kleines Fuchsrennen veranstalten.

Fuchsmaske

Man braucht:
- roten Karton
- Filzstift
- Hutgummi
- Schere
- Klebstoff

Aus dem roten Karton wird die Kopfform zugeschnitten, so wie es auf der Zeichnung zu sehen ist. An der gestrichelten Linie die Kanten nach innen biegen. Den oberen Rand einschneiden, die Kanten übereinander schieben und kleben. Mit dem Filzstift eine Schnauze aufmalen. An den Seiten ein Hutgummi durchziehen und verknoten.

Kribbelige Käfer

Kribbel-Krabbel-Entdeckungsreise

Die Kinder bekommen mit Fingerfarbe auf alle zehn Fingerspitzen einen Marienkäfer gemalt. Jedes Kind geht mit seinen 10 Käferlein im Wald auf eine spannende Kribbel-Krabbel-Fühlreise:

Zehn kleine Käferlein
krabbeln durch den Wald,
beim Kribbeln, Krabbeln, Kraxeln
wird ihnen niemals kalt.
Zehn kleine Käferlein
krabbeln übers Haus,
da streckt mit kleinen Hörnchen
die Schneck ihr Köpfchen raus.

Zehn kleine Käferlein
krabbeln einen Baum hinauf,
dann krabbeln sie wieder runter
im Käferschrittchenlauf.
Zehn kleine Käferlein
krabbeln ins Moos hinein,
sie schlafen dort im Mondenschein
ganz still und leise ein.

Käferfingerspiel

Wir können das Käferfingerspiel auf die bekannte Melodie der 10 kleinen Zappelmänner singen und mit allen zehn Fingern spielen. Zunächst kribbeln wir mit den Fingerspitzen über Arme und Beine. Anschließend stellen wir ein Häuschen mit Dach mit beiden Händen dar. Dann stellt die linke Faust mit ausgestreckten Zeige- und Mittelfinger eine Schnecke dar und die andere Hand krabbelt über sie hinweg. Daraufhin strecken wir die linke Hand und den Arm wie einen Baum in die Luft und die Fingerspitzen der rechten Hand krabbeln den „Baum" hinauf und hinunter. Zum Schluss krabbeln alle zehn Finger unter den Pullover und die Kinder schließen die Augen.

Steinkäfer

Man braucht:
- Steine
- Farben
- Klebstoff
- Folie
- Filz
- Märchenwolle

Zuerst werden Steine gesucht. Sie werden gewaschen, getrocknet und anschließend bemalt. Manchen Käfern werden noch Flügel aus Folie angeklebt.

Bunte Fantasiekäfer

Man braucht:
- Halbkugel (Styropor)
- Farben
- Folien
- Stecknadeln
- Pfeifenreiniger
- Wattekugel
- Perlen
- Klebstoff

Die Halbkugel und die Wattekugel bemalen. Nach dem Trocknen beide Kugeln mit Klebstoff und Stecknadeln zusammenfügen. Pfeifenreiniger in den Körper stecken. Flügel aus Folie ankleben oder anstecken. Wer mag, kann den Käfer noch mit Perlen und Goldfolie ausschmücken.

Krabbelspinnes Haus

Spinnenhüpfspiel

Besonders im Herbstwald können wir Krabbelspinnes Netz an beinahe jedem Strauch und Ast entdecken; oft ist es geschmückt mit silbrig schimmernden Tautropfen.

Wir machen es den Spinnen nach und weben knapp über dem Waldboden aus buntem Gummitwist ein Spinnennetz zwischen mehreren nah beieinander stehenden Bäumen. Es sollte genügend große Löcher haben, damit die Kinder durch die Löcher hüpfen und springen können. Ist unser Spinnennetz fertig, beginnt ein Kind durch die Löcher zu springen, während die anderen einen lustigen Hüpfevers sprechen oder singen. Immer bei der letzten Silbe des Hüpfverses verlässt das springende Kind wieder das Netz und das nächste Spinnenkind darf nach Spinnenlust springen.

Spinne, Spinne
Spinnenbein,
du sollst meine
Freundin sein.
Spinne, Spinne
Spinnenkopf,
fall nicht in
meinen Suppentopf.

Spinne, Spinne
Spinnenhaar,
flieg mit uns
nach Sansibar.
Spinne, Spinne
Spinnennetz,
dieses Haus
ist nun besetzt.

Tarantulas Befehle

Ein Kind ist die Oberspinne Tarantula. Es darf Vorspringerin in unserem Spinnenhüpfespiel sein. Die anderen Kinder springen in einer langen Spinnenkette hinter der Oberspinne her. Sie müssen alles tun, was die Oberspinne Tarantula vormacht, etwa hüpfen, klatschen usw.

Spinnenmobile

Man braucht:

- Klebefolie
- Pfeifenreiniger
- Wolle

Mit der Wolle auf der klebenden Seite der Folie ein Spinnennetz legen. Über das Netz eine zweite Schicht Folie kleben. Oben und unten jeweils einen langen Wollfaden heraushängen lassen. Aus schwarzer Wolle eine Spinne wickeln. Pfeifenreinigerbeine hineinstecken und die Spinne an den Faden, der aus dem Netz hängt, knoten. Gesicht aus Tonkarton aufkleben.

Spinne im Netz

Man braucht:
- Wolle
- Pfeifenreiniger
- Filz
- Perlen

In einen Baum mit silbriger Wolle ein Spinnennetz knoten. Aus schwarzer Wolle eine Spinne wickeln. Aus Filz dem Wollknäuel ein Gesicht aufnähen. Pfeifenreiniger in die Spinne stecken.

Auf feuchten Sohlen

Schneckenkleber

Schnecken leben auf feuchten Sohlen. Indem sie die Muskeln in dieser Sohle zusammenziehen und wieder entspannen, schieben sie sich Zentimeter für Zentimeter vorwärts. Dabei hinterlassen sie eine schleimige Spur.

Alle Mitspieler gehen langsam in einem vorher festgelegten Spielfeld umher. Ihre Zeigefinger halten sie dabei als Fühler vom Kopf weggestreckt. Sobald sich zwei Schnecken begegnen und berühren, bleiben sie aneinander kleben. Nun gehen sie Seite an Seite, Rücken an Rücken oder Arm an Arm weiter, je nachdem, wo sie sich berührt haben. Immer mehr Schneckenkinder begegnen sich und bleiben zusammen. Das Spiel ist zu Ende, wenn alle Schnecken aneinander kleben.

Unterwegs mit Schneckenhaus

Für dieses Spiel werden zwei Mannschaften gebildet. Zwei Kinder, eines von jeder Mannschaft, legen sich flach auf den Boden und kriechen oder robben wie eine Schnecke vorwärts. Dabei müssen sie auch ein Schneckenhäuschen tragen, das sie in Form eines Kissens auf ihren Rücken legen. Dann geht es los. Wer schafft es, als Erstes ins Ziel zu kommen, ohne sein Schneckenhaus unterwegs zu verlieren? Sobald die beiden angekommen sind, starten die nächsten Kinder. Wir können das Spiel noch etwas schwieriger gestalten, wenn die Schnecken über ein Hindernis oder im Slalom um Zapfen oder Steine herumkriechen müssen.

Schneckenlabyrinth

Man braucht:
- Karton
- Stecknadeln
- Schneckenhaus
- Klebstoff
- Messer
- Farbe
- Perlen

Den Kartonboden so abschneiden, dass von den Seitenwänden noch ca. 3 cm in der Höhe stehen bleiben. Aus dem restlichen Karton Streifen zuschneiden und als Labyrinth auf den Kartonboden kleben. Mit Stecknadeln fixieren. Das Labyrinth anmalen und an das Ende ein Schneckenhaus kleben. Nun kann man eine Perle durch das Labyrinth in das Schneckenhaus rollen, indem man das Labyrinth zwischen den Händen bewegt.

Schnecken aus Knete

Man braucht:
- Knete
- etwas Watte
- Schneckenhäuser

Aus Knete Schnecken formen. Auf die Schnecken jeweils ein schönes Schneckenhaus setzen. Dann werden die Zwerge ebenfalls aus Knete geformt und als Reiter auf die Zwerge gesetzt.

Der Wettlauf zwischen Hase und Igel

Wettlauflied

Nachdem sich der Hase über die kurzen, krummen Beine des Igels lustig gemacht hat, fordert der Igel den Hasen zu einem Wettlauf im Wald auf. Mit einer schlauen List und der Hilfe seiner Igelfrau, die sich hinter einem Holunderstrauch versteckt hat, gewinnt der Igel den Wettlauf im Wald. Der Hase versteht die Welt nicht mehr.

(Melodie: Ich kenne einen Cowboy)

Ich kenne einen Hasen,
der läuft mit schnellem Bein.
Im Wettlauf mit dem Igel
kann er nur Zweiter sein.

Die Igelfrau im Hollerbusch
raschelt leise, husch, husch, husch.
Der Hase will dem Ziele nah'n,
die Igelfrau voran.

Der Igel ist nicht dumm,
läuft sich nicht die Beine krumm.
Mit seinem schlauen Plan
kommt er als Erster an.

Zauberschuhwettlauf

Dem Hasen begegnet der Igel im Traum. Dort sieht er ihn mit Zauberschuhen vor sich stehen. Und nun glaubt der Hase die List des Igels verstanden zu haben.

Für dieses Schuhwettlaufspiel ziehen alle Kinder einen Schuh aus. Sie bilden zwei Mannschaften, die sich hinter einer Startlinie aufstellen. Die Schuhe der einen Mannschaft werden neben einen Baum zur linken Seite, die Schuhe der anderen zur rechten Seite des Baums auf einen Haufen gelegt. Auf ein Startzeichen hüpft von jeder Mannschaft ein Kind auf seinem beschuhten Fuß zum Baum, sucht sich seinen Schuh heraus, zieht ihn an und läuft mit Zauberschritten so schnell es kann zu seiner Mannschaft zurück. Ist ein Kind zurück, darf sofort das nächste loslaufen. Welche Mannschaft hatte die schnellsten Zauberschuhe an den Füßen?

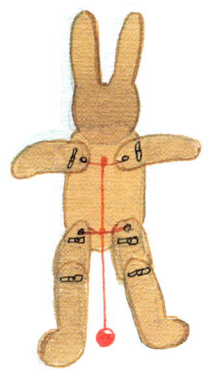

Papphase

Man braucht:
- Pappe
- Buntpapier
- Schnur
- Klebstoff
- Briefklammern

Den Hasenkörper, Arme und Beine aus Pappe ausscheiden. Alle Teile mit Buntpapier bekleben oder bemalen. Arme und Beine mit Briefklammern wie bei einer Hampelfigur am Hasenkörper festklammern. Von hinten eine Schnur mit einer Perle befestigen (siehe Zeichnung).

Zapfenigel

Man braucht: • Knete

Zuerst werden Zapfen gesammelt. Die Zapfen bekommen Gesichter, Arme und Beine aus Knete. Fertig sind die Zapfenigel!

Märchenhafte Schatzsuche

Die geraubte Schatzkiste

Ein böser Drache hat die Schatzkiste der Waldfee Libella geraubt und in seine Drachenhöhle geschleppt. In dieser Schatzkiste hatte Libella alle ihre kostbaren Zauberringe aufbewahrt. Sie ist so verzweifelt, dass sie von morgens bis abends auf dem Ast einer Trauerweide sitzt und so viele Tränen weint, dass am Fuße des Baumes bereits ein kleines Bächlein fließt. „Es muss etwas geschehen", sagen die Waldtiere, die ihrer Feenfreundin helfen wollen. Sie beschließen, zur Drachenhöhle zu gehen, um dem bösen Drachen die Schatzkiste wieder abzunehmen ...

Die Kinder basteln zu Beginn der Schatzsuche Ringe aus Gänseblümchen oder Löwenzahn. Bevor sie die Zauberringe jedoch in Libellas Schatzkiste legen, spielen sie als Einstieg in unsere Schatzsuche eine märchenhafte Verwandlung: Sie verwandeln sich mit Hilfe des Zauberrings in ein Waldtier. Dazu steckt sich jedes Kind einen Gänseblümchenring auf den Ringfinger, dreht ihn einmal am Finger herum und spricht folgenden Zauberspruch: „Ringlein, Ringlein, drehe dich! In ein Tier verzaubere mich." .

Verwandlungen

Nun sind die Kinder in eine märchenhafte Fantasiewelt eingestiegen, und wenn die Schatzkiste mit den Zauberringen im Wald versteckt wurde, können wir mit der Schatzsuche beginnen. Jedes Kind hat sich in ein Waldtier verwandelt, eine Maske aufgesetzt oder sich geschminkt. Doch bevor die Waldtiere Libella ihre Schatzkiste mit den Zauberringen zurückbringen können, müssen sie wie im Märchen schwierige Aufgaben im Zauberwald lösen (siehe nächste Doppelseite).

Zauberringe

Man braucht: • Löwenzahn oder Gänseblümchen

Unterhalb der Blüte wird ein kleiner Schlitz in den Stängel geritzt. Durch diesen Schlitz schiebt man das Ende des Stängels. Nun kann man den Ring auf den Finger setzen.

Libella, die Zauberfee

Man braucht: • Naturmaterial   • Fäden
             • Blätter   • etwas Buntpapier

Je nachdem, wie man sich Libella vorstellt, und was die Natur gerade bietet, so bastelt man Libella. Libella ist hier einmal aus Mais gebastelt, wobei einfach ein paar Blätter der Frucht zusammengebunden sind. Die zweite Libella besteht aus einem großen Kastanienblatt mit einem Gesicht aus Buntpapier.

Tiermasken

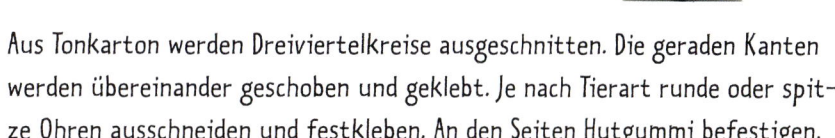

Man braucht: • Tonkarton   • Schere
             • Hutgummi   • Klebstoff

Aus Tonkarton werden Dreiviertelkreise ausgeschnitten. Die geraden Kanten werden übereinander geschoben und geklebt. Je nach Tierart runde oder spitze Ohren ausschneiden und festkleben. An den Seiten Hutgummi befestigen.

Auf zur Drachenhöhle

Durch den Sumpf

Die Drachenhöhle ist von sumpfigem Wasser umgeben. Wir müssen über fünf Baumstämme balancieren, über dem letzten hängt eine Riesenspinne an einem silbrigen Faden; unter ihr müssen wir durchkrabbeln.

Die Kinder balancieren über vier Baumstämme, über den fünften Baumstamm müssen alle Kinder hintereinander her krabbeln.

Der Höhlenspuk

Nun stehen wir am Eingang einer tiefen Felsenhöhle. Das muss der Eingang zur Drachenhöhle sein!

Alle Kinder stellen sich in einer Reihe mit gegrätschten Beinen auf. Das vorderste Kind krabbelt durch die Beine der anderen Kinder. Dabei heulen und fauchen die Kinder wie ein gefährlicher Drache. Am Ende der Reihe stellt sich das Kind wieder mit gegrätschten Beinen auf. So krabbeln alle Kinder in die Drachenhöhle.

Gefährlicher Drache

Man braucht:
- Buntpapier
- Klebstoff
- Schere
- Tonkarton

Aus dem Buntpapier lange Streifen zu schneiden. Daraus werden Hexentreppen gefaltet. Eine große Hexentreppe braucht man für den Drachenkörper, vier kleinere Hexentreppen sind die Beine. Einen Kopf kann man aus Tonkarton ausschneiden. Alle Teile werden zusammengeklebt.

Das Zauberschlaflied

Der böse Drache sitzt fauchend in seiner Höhle und bewacht die Schatzkiste. Wir müssen ihn überlisten und mit einem Lied in Zauberschlaf versetzen.

Alle Kinder stehen im Kreis, in der Mitte sitzt der Drache mit der Schatzkiste. Das Drachenkind flüstert einem Kind einen Liedanfang ins Ohr. Das Kind gibt den Liedanfang weiter, und dann singen alle gemeinsam das Zauberschlaflied. Das Drachenkind schläft ein.

Der Drache schläft tief und fest. Wir können ihm die Schatzkiste wegnehmen und zu Libella zurückbringen. Wir laufen wieder durch die Höhle und über die Baumstämme. Die Waldfee Libella ist glücklich, dass wir ihr die Schatzkiste mit den kostbaren Zauberringen zurückgebracht haben. Sie schenkt uns Waldtieren zum Dank einen Zauberring aus ihrer Schatzkiste.

Die Kinder öffnen gespannt die Schatzkiste. Ein Kind darf Libella spielen und jedem Kind einen Zauberring auf den Ringfinger stecken. Alle Kinder drehen den Ring herum und sprechen ihren Zauberspruch: „Ringlein, Ringlein drehe dich! In ein Kind verzaubere mich."

Libellas Schatzkiste

Man braucht:
- leere Holzkiste
- Perlen, usw.
- Goldspray
- Klebstoff

Die Holzkiste wird goldfarben angesprüht und nach dem Trocknen mit Perlen, goldenen Schneckenhäusern und anderen Schmuckstücken beklebt.

Hänsel und Gretel verliefen sich im Wald

Knusper, knusper, Knäuschen

Mit Pfefferkuchen, Zuckerkringeln und anderen süßen Leckereien hat die Hexe im Märchen Hänsel und Gretel in ihr Hexenhaus gelockt.

Wir befestigen einige Zuckerplätzchen oder andere Leckereien an einem Wollfaden und hängen sie in die Äste eines Baumes. Ein Kind stellt sich als Hexe unter den Baum mit dem Gesicht zum Baumstamm. Die anderen Kinder stehen in einiger Entfernung hinter der Hexe. Wenn die Hexe ruft: „Knusper, knusper, Knäuschen", schleichen alle Kinder einige Schritte vorwärts und müssen sofort still stehen, wenn sich die Hexe nach ihrem Hexenspruch zu den Kindern umdreht. Wer sich noch bewegt, den darf sie wieder drei Schritte zurückschicken. Das Spiel wird so oft wiederholt, bis ein Kind den Baumstamm berührt, bevor die Hexe ihren Spruch beendet hat. Dieses Kind wird mit einer Leckerei vom Hexenbaum belohnt.

Hänsel und Gretel Sinnespfad

Im Märchen haben Hänsel und Gretel den Weg durch den dunklen Wald nach Hause zurück nicht mehr gefunden. Die Vögel hatten alle Brotkrümel, die Hänsel am Abend zuvor verstreut hatte, aufgepickt.

Wir bauen einen sinnlichen Fußweg im Wald, den wir in verschiedenen Abschnitten mit Moos, Blättern, Zapfen, flachen Steinen, Kastanien, Tannennadeln usw. anlegen. Es entsteht eine Fußtaststraße im Wald, an der die Kinder mit ihren nackten Füße ihre Freude haben werden. Die Kinder spielen Hänsel und Gretel. Sie führen sich abwechselnd mit geschlossenen Augen über den selbst gebauten Sinnespfad durch den Wald.

Hexenbesen

Man braucht: • kleine Zweige
• Blumendraht
• Schere

Um einen längeren Zweig werden mit Blumendraht viele kleine Zweige gewickelt.

Hexenhaus

Man braucht: • Karton • Farben
• Messer • Klebstoff

Den Karton so zuschneiden, dass zwei Seitenteile oben als Dach zusammengeklebt werden können. Mit dem Messer Fenster und Türen einschneiden. Das Haus bemalen. Wer mag, kann es mit Süßigkeiten bekleben.

Im Wald, da steht ein Räuberhaus

Die Bremer Stadtmusikanten

Die Bremer Stadtmusikanten haben es im Märchen geschafft, die Räuber mit ihren ohrenbetäubenden Tierstimmen aus dem Räuberhaus zu verjagen.

Die Kinder spielen die Bremer Stadtmusikanten. Für dieses Spiel bilden wir einen Kreis, in der Mitte hockt ein schlafendes Räuberkind mit geschlossenen Augen. Die Kinder im Außenkreis sind die Bremer Stadtmusikanten. Einige sind Esel, andere Hund, Katze und Hahn. Doch unsere Bremer Stadtmusikanten waren schlau. Sie haben von ihrer langen Wanderung Verstärkung mitgebracht. Im Außenkreis steht nun noch ein Kind, das nicht zu den Bremer Stadtmusikanten aus dem Märchen gehört: entweder eine muhende Kuh, ein brummender Bär, eine summende Biene, ein quakender Frosch usw. Das schlafende Räuberkind in der Mitte hat nun die Aufgabe herauszuhören, welches Tier dort in den Gesang der Stadtmusikanten einstimmt und nicht zu den Bremer Stadtmusikanten gehört.

Räuberhut

Man braucht:
- Tonkarton
- Schere
- Kleister
- Farben
- Klebstoff
- Papier

Aus Tonkarton einen Kreis und einen Halbkreis ausschneiden. Den Kreis innen so ausschneiden, dass er auf den Kopf passt. Den Halbkreis aufrollen, zusammenkleben und in der Hutkrempe festkleben. Wer mag, kann den Hut noch mit Kleisterpapier überkleben und nach dem Trocknen lackieren, dann hält der Hut länger.

Räuberhut-Zielwerfen

Viele Räuber streiten sich um das Räuberhaus im Wald. Jeder möchte darin wohnen. Beim Räuberhutzielwerfen entscheidet sich, wer ins Räuberhaus einziehen darf.

Mit einem Stock zeichnen wir einen Kreis auf den Waldboden und bohren den Stock in die Mitte des Kreises, dass er fest in der Erde steht. Alle Kinder versammeln sich um den Kreis und versuchen abwechselnd, einen Räuberhut auf den Stock in der Kreismitte zu werfen. Jedes Kind, das den Räuberhut auf den Stock getroffen hat, darf ins Räuberhaus einziehen.

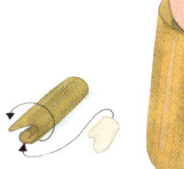

Drei Räuber

Man braucht:
- leere Klorollen
- Stoff, Filzreste
- Wattekugeln
- Wolle, Federn

Die Klorollen mit Filz- oder Stoffresten bekleben. Wattekugeln als Köpfe aufkleben und dann die Räuber mit Wollhaaren, Filz- oder Papierhüten, mit Pflaster, Federn und Ähnlichem ausschmücken.

Am flackernden Feuer

Vor langer Zeit lebten tief im dunklen Wald neben den Tieren auch allerlei geheimnisvolle, märchenhafte Gestalten. In einem uralten Tannenwald stand das kleine Haus eines hutzeligen Männleins, der schon seit vielen Jahren dort wohnte. Wenn es Abend wurde, konnte man das Männlein vor seiner Hütte um ein lustig flackerndes Feuer herumtanzen sehen. Dazu sang es mit vergnügter Stimme:

> Heute back ich, morgen brau ich,
> übermorgen hol ich mir der Königin ihr Kind.
> Ach wie gut, dass niemand weiß,
> dass ich Rumpelstilzchen heiß.

Gemeinsam schichten wir Stöcke, kleine Äste, Laub, Rinde und Zapfen zu einem Berg auf. Mit roten und gelben Stoff- oder Papierstreifen lassen wir das Feuer „flackern". Alle Kinder fassen sich an den Händen. Gemeinsam stampfen, tanzen und hüpfen wir wild und laut singend wie das Rumpelstilzchen um das Feuer herum. Am Ende des Liedes gehen wir schnell in die Hocke, ohne uns loszulassen. Wer dabei das Gleichgewicht verliert und umkippt, muss ein Pfand abgeben.

Flackernde Feuerstelle

Man braucht:
- Stock
- Krepppapier

Lange Bänder aus Krepppapier zurechtschneiden und an den Stock binden.

Heißt du vielleicht ...?

Im Märchen wurde Rumpelstilzchen fürchterlich wütend, als die Prinzessin es nach mehreren vergeblichen Versuchen bei seinem wahren Namen nannte. Voller Zorn stampfte es mit dem Fuß auf und riss sich selbst mitten entzwei.

Die Kinder bilden einen Kreis. In der Kreismitte steht das Rumpelstilzchen mit einem Ball. Die Kinder nennen nun verschiedene lustige und erfundene Namen und fragen dabei das Rumpelstilzchen: „Heißt du vielleicht Mauseohr, Spinnenbein, Wackelzahn, Hexenpickel, Warzennase ...?" Fragt ein Kind aber: „Heißt du vielleicht Rumpelstilzchen?", versucht Rumpelstilzchen den Rufer mit dem Ball zu treffen. Dabei hat es drei Versuche frei. Gelingt ihm das Abtreffen auch beim dritten Mal nicht, ist das nächste Rumpelstilzchen an der Reihe.

Rumpelstilzchen

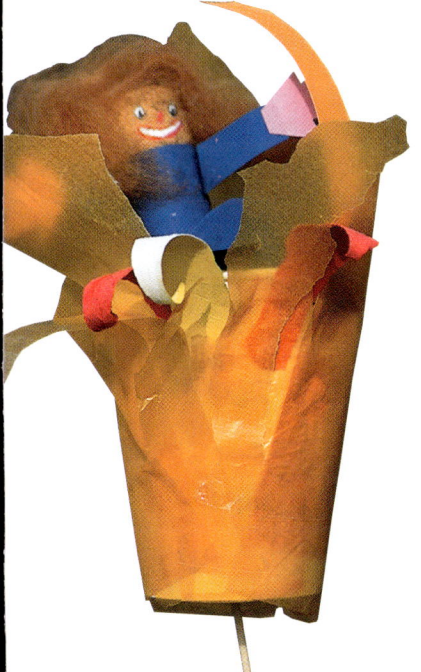

Man braucht:
- Pappbecher
- Klebstoff
- Holzstäbchen
- Buntpapier
- 2 Korken
- Märchenwolle

Das Buntpapier in Streifen reißen und rings um den Becher kleben. Die zwei Korken übereinander kleben und zu zwei Dritteln mit Buntpapier bekleben. Arme und Beine aus Papier ausschneiden und an den Körper kleben. Haare aus Märchenwolle ankleben. Unten in den Korken ein Holzstäbchen stecken. Das andere Ende des Stäbchens durch den Becherboden stecken. Wenn man nun das Stäbchen hin- und herdreht, sieht es so aus, als würde Rumpelstilzchen tanzen.

Die Autorinnen

Regina Bestle-Körfer stu-
dierte Sozialpädagogik und
arbeitete in einer Früh-
förderstelle und danach in
einer schulpsychologischen Beratungsstelle. Seit
über zehn Jahren ist sie als Autorin und
Redakteurin tätig.

Sabine Lohf studierte an der
Hochschule der Künste in
Berlin und arbeitet als
Fotografin, Autorin und
Illustratorin für verschiedene Verlage und
Zeitschriften. Inzwischen sind viele Bücher in
verschiedenen Bereichen von ihr erschienen.

Annemarie Stollenwerk studierte Sozialpädagogik und
war zunächst in der Heim-
erziehung und später im
sozialen Brennpunkt tätig. Seit mehr als zehn
Jahren arbeitet sie als Autorin und Redakteurin.

© 2002 Christophorus-Verlag GmbH
Freiburg im Breisgau

Alle Rechte vorbehalten
Printed in Germany

ISBN 3-419-53040-4

Lektorat: Martin Stiefenhofer

Bastelideen, Basteltexte,
Fotos und Illustrationen: Sabine Lohf

Umschlaggestaltung: Network!, München
Layoutentwurf: juhu media Susanne Dölz,
Bad Vilbel
Gesamtproduktion: Sabine Lohf/amadeus
prepress a. print, Langenhagen
Herstellung: Himmer, Augsburg 2002

Reim „Fingertheater" auf S. 12 von Annemarie Stollenwerk

Reim „Im Hagebuttenwald" auf S. 22 von Regina Bestle-Körfer

Reim zur „Klopfmusik" auf S. 32 von Annemarie Stollenwerk

Rätselreim auf S. 36 von Regina Bestle-Körfer

Reim zur Kribbel-Krabbel-Entdeckungsreise auf S. 40 von Regina Bestle-Körfer

Hüpfverse auf S. 42 von Regina Bestle-Körfer

Text zum Wettlauflied auf S. 46 von Regina Bestle-Körfer

In der Reihe Fantasiewerkstatt ist außerdem erschienen:

Regina Bestle-Körfer, Sabine Lohf,
Annemarie Stollenwerk:
Fantasiewerkstatt Elemente
ISBN 3-419-53041-2